AF509710

CHANSONS D'ENFANTS

PARIS, IMPRIMERIE CHAIX (S.-O.). — 1248-7.

CHANSONS D'ENFANTS

RECUEIL

A L'USAGE DES ÉCOLES MATERNELLES ET ENFANTINES

Paroles de Mademoiselle S. BRÉS

MUSIQUE DE

Mademoiselle Laure COLLIN

OFFICIER D'ACADÉMIE

Professeur de chant à l'École normale supérieure de Fontenay-aux-Roses, à l'École
normale des Institutrices de la Seine et au Cours normal de Paris.

PARIS

LIBRAIRIE CH. DELAGRAVE

15, RUE SOUFFLOT, 15

PRÉFACE

On berce le nouveau-né par des mélodies lentes et douces qui appellent sur lui le calme et le sommeil, et la littérature populaire est immensément riche en refrains de ce genre.

Mais, dès que l'enfant grandit, les chants cessent, et on ne s'en souvient plus guère qu'au chevet de l'enfant malade. Cependant, ils n'ont rien perdu de leur influence sur le jeune être plein de force et de santé; c'est toujours le moyen par excellence pour l'apaiser ou l'exciter au gré de la personne qui chante, et ce recours, toujours précieux, prend une valeur plus grande encore lorsqu'il faut, comme à l'école, agir à la fois sur une foule d'enfants.

> Ils savent, les petits, par-dessus toutes choses,
> L'utilité des fleurs des champs.
> Il leur faut des oiseaux, des papillons, des roses;
> Il faut les bercer par des chants.

JEAN AICARD.

Après les chants du berceau, il doit donc en venir beaucoup d'autres, tous gradués de façon à répondre à chaque degré de développement. Pourtant il serait faux de croire que l'enfant, du jour où il est capable de parler, le soit aussi de chanter; point du tout : longtemps il n'est qu'auditeur plus ou moins charmé; de là, l'obligation pour le répertoire enfantin de contenir nombre de chants où le texte justifie une certaine mimique, car, dans le groupement de la classe moins que partout ailleurs, on ne peut imposer une attention tout à fait inactive. Grâce à la mimique, l'attention sera plus complètement captivée, le besoin d'activité sera satisfait et l'exécution de mouvements d'ensemble aura des résultats excellents pour la discipline.

Puis, peu à peu, tout en jouant, les enfants en viendront à suivre de la voix ce qu'on leur fait entendre, les refrains d'abord, tout le chant ensuite, et ils finiront par y trouver assez de plaisir pour

n'avoir plus besoin d'être en même temps occupés à un autre exer-
cice; alors on leur proposera des chants qui ne comporteront pas
de mouvements.

Les *Chansons d'enfants* offrent cette progression, composées qu'elles
furent au jour le jour, selon les besoins d'une école maternelle à
trois degrés.

Le premier recueil, qui s'adresse aux tout petits, ne contient qu'un
chant proprement dit, les autres airs sont des marches, des rondes
ou des jeux. C'est, en effet, l'âge où l'enfant, tout en aimant beaucoup
le chant, l'écoute plus qu'il ne s'y associe.

Les autres recueils, conformément aux progrès du développement
enfantin, supposent de plus en plus la participation active des
élèves et les chants accompagnés de gestes y diminuent à mesure
qu'on avance.

Toutes ces chansons sont en outre aussi simples que possible,
comme idée et comme paroles ; elles se rapportent toujours aux
petits événements de la vie journalière. Mais le champ, très restreint
d'abord, va s'étendant : l'enfant connaît mieux son entourage, et
les sujets qui l'intéressent deviennent plus nombreux.

Cependant, il ne faudra jamais négliger de réveiller ses souvenirs
par quelques mots, pour faire repasser devant lui la scène dont la
chanson est le résumé. Ces récits, le texte les suggère si aisément
que ce recueil n'en offre que pour mémoire, d'autant mieux qu'ils
doivent être infiniment variés, comme détail, suivant l'imagination
de celle qui raconte et les habitudes de son petit auditoire.

C'est en somme pour l'enfance à tous les degrés que nous avons
essayé de travailler, et c'est à la mère à la fois et à l'institutrice que
nous offrons les *Chansons d'enfants*.

S. B.

CHANSONS D'ENFANTS

PREMIÈRE PARTIE

CHANTS A L'UNISSON

N.º 1

LA CLOCHE

JEU

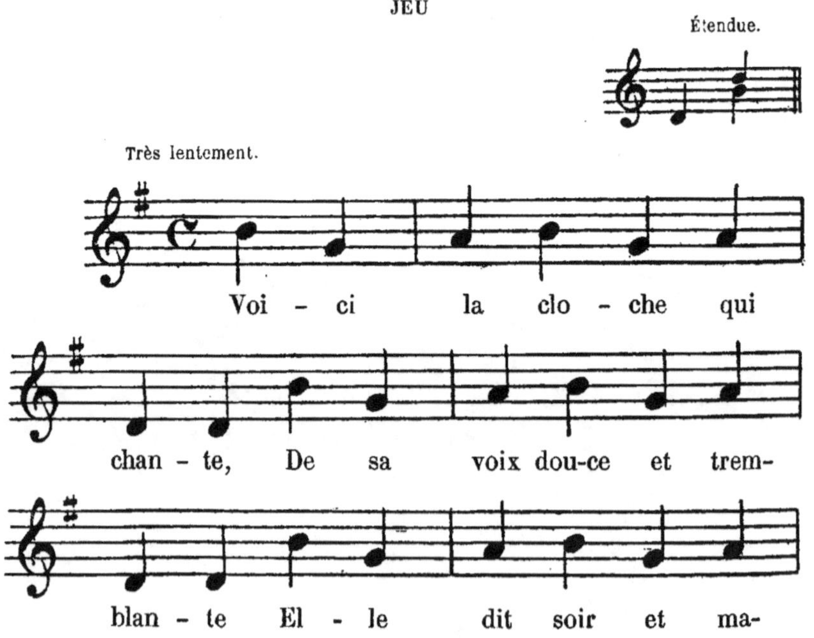

1.

Voici la cloche qui chante,
De sa voix douce et tremblante
Elle dit soir et matin :
Tin, tin, tin *(bis)*.

2.

A son appel on s'éveille,
Tout travaille : enfant, abeille,
Et toujours va le refrain :
Tin, tin, tin *(bis)*.

3.

Enfin, quand la nuit s'avance,
Quand tous les bruits font silence,
On entend son chant lointain :
Tin, tin, tin *(bis)*.

La petite Alice n'est pas encore bien grande, aussi lui donne-t-on souvent son nom de bébé : Lili.

L'autre jour en se promenant, Lili a vu une grande tour, tout en haut il y avait une cloche. Sa maman lui a dit que cette cloche sonne le matin de bonne heure; alors tout le monde se met au travail. Le soir, à la nuit, elle sonne de nouveau et on rentre chez soi pour se reposer.

De retour à la maison, Lili s'assied près de sa mère qui lui chante la chanson de la cloche. La petite appuie son coude sur la table en redressant son bras. Elle tient aussi sa petite main pliée au poignet et cela fait comme une petite cloche qui balance doucement quand la chanson dit : Tin, tin, tin. — Lili agite d'abord une seule main, puis les deux mains ensemble. Sa maman lui apprend plusieurs manières de faire la clochette : en relevant en mesure la main inclinée (ce qui délie le poignet); ou bien encore en laissant retomber l'avant-bras et la main jusque sur la table.

N° 2

IL FAIT JOUR

MARCHE POPULAIRE

1.

Il fait jour !
Déjà la trompette sonne,
Que personne
A sa voix ne reste sourd.

2.

Il fait jour !
Déjà le jeune oiseau chante
Sur la plante,
Et lui dit gaîment bonjour.

3.

Il fait jour !
Déjà la mouche mignonne
Qui bourdonne,
Au soleil va faire un tour.

4.

Il fait jour !
Chacun retourne à l'ouvrage,
Et courage
Et gaîté sont de retour.

Lili joue avec ses petits amis ; ils s'amusent à marcher en chantant. Mais la maman trouve que ce n'est pas joli : l'un va vite, l'autre lentement ; l'un fait de grands pas, l'autre de petits. Alors elle leur montre à partir tous ensemble, du même pied, en comptant « *un, deux* », et en tapant d'abord assez fort, puis plus légèrement.

Quand ils vont tous bien en mesure, la maman leur apprend une chanson pour chanter en marchant.

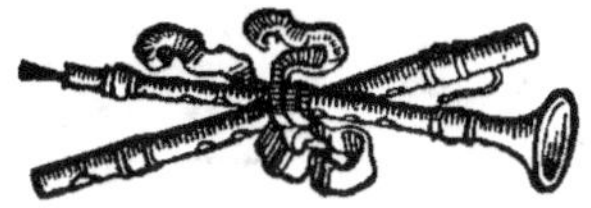

Nº 3

DO-DO (Berceuse)

JEU

1.

Do-do, l'enfant do,
L'enfant dormira bientôt !
Déjà vient la lune blanche,
Dans son doux berceau qui penche,
Do-do, l'enfant do,
L'enfant dormira bientôt !

2.

Do-do, l'oiseau do,
L'oiseau dormira bientôt !
Déjà vient la lune blanche,
Dans son doux nid sur la branche,
Do-do, l'oiseau do,
L'oiseau dormira bientôt !

3.

Do-do, la fleur do,
La fleur dormira bientôt !
Déjà vient la lune blanche,
Sur sa tige qui se penche,
Do-do, la fleur do,
La fleur dormira bientôt !

La maman de Lili chante une chanson pour endormir le petit frère.
Alors la fillette replie aussi un de ses bras, et pose dessus son autre menotte comme si c'était un bébé, et elle le berce quand la chanson dit : Do-do, l'enfant do, l'enfant dormira bientôt. Au second couplet, pendant le refrain, la petite rapproche ses mains comme un nid et elle les balance lentement. Au troisième, elle incline et agite ses mains comme des fleurs sur leur tige.

N° 4

LE PETIT CHAT

RONDE

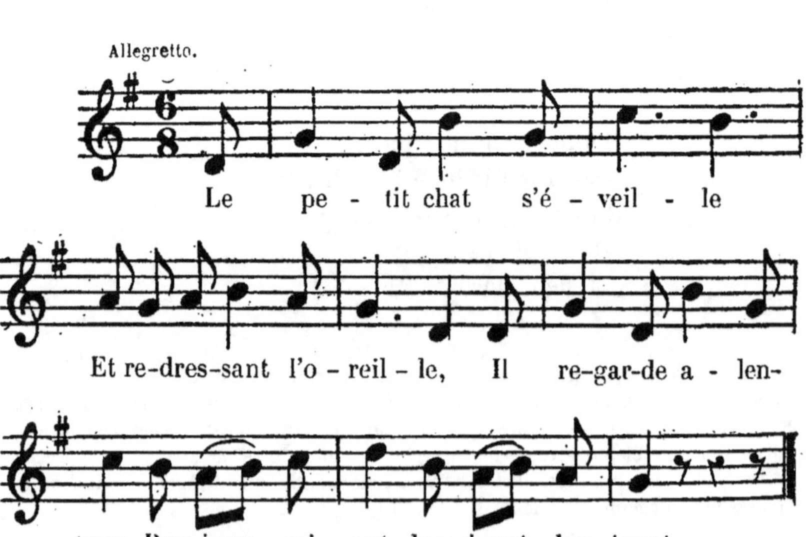

1.

Le petit chat s'éveille,
Et redressant l'oreille,
Il regarde alentour,
Bonjour, minet, bonjour !
Bonjour !

2.

Des pattes à la tête,
Faites d'abord toilette,
Et vers qui vous aimez,
Venez, minet, venez !
Venez !

Chez la grand'mère de Lili, il y avait un joli petit chat, qui jouait souvent avec elle. Un jour, qu'elle s'amuse avec ses petits amis, elle leur propose de jouer au chat ; on forme une ronde. Un enfant placé au milieu représente le petit chat. Tous les autres chantent une chanson que la maman a faite exprès.

A la fin du premier couplet, tous les joueurs, en disant *bonjour*, inclinent la tête ou font un signe de la main ; aux derniers mots du 2e couplet, ils font un geste d'appel, le petit chat se rapproche de l'un d'eux, qui prend sa place, et le jeu recommence tant que cela amuse tous les petits camarades.

N° 5

LA CERISE

CHANT

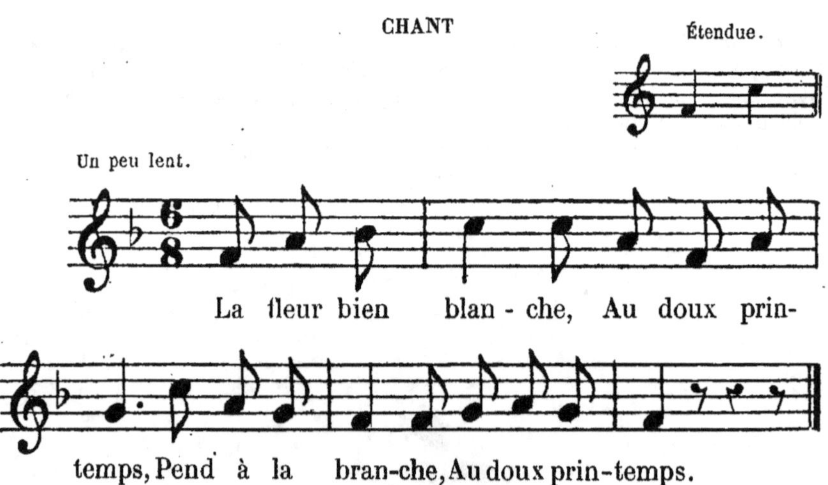

1.

La fleur bien blanche
Au doux printemps,
Pend à la branche,
Au doux printemps !

2.

Puis la fleur passe ;
Alors, sans bruit,
Vient à sa place
Un petit fruit.

3.

C'est la cerise,
Au bel été !
Quelle surprise,
Au bel été !

Voilà les premières cerises de l'année ; la maman demande à Lili si elle se souvient des fleurs blanches, qui couvraient tous les arbres du verger, au printemps.
Lili s'en rappelle très bien, son petit frère pas du tout ; il est trop petit. — Ce sont
ces fleurs qui étaient le commencement des fruits. La maman apprend à Lili la
chanson des cerises.

N° 6

QUI VA LA ?

MARCHE

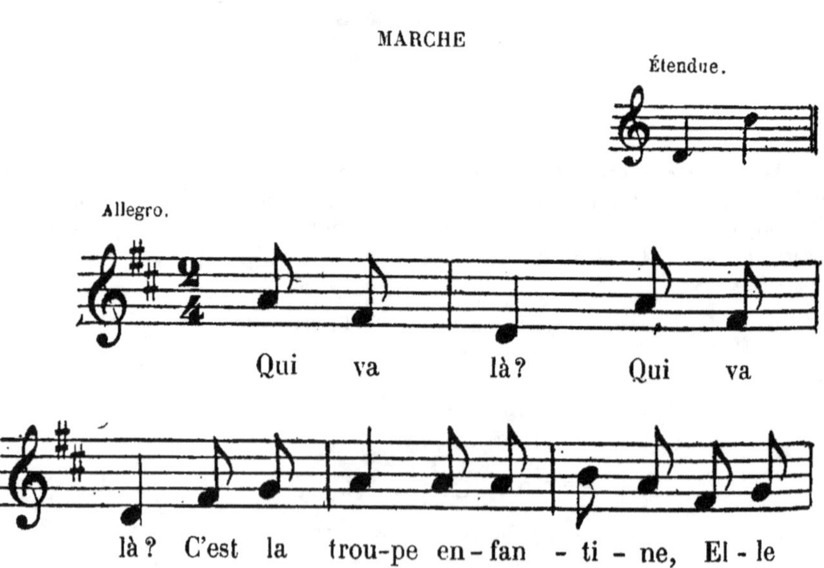

1.

Qui va là ? Qui va là ?
C'est la troupe enfantine ;
Elle chante et trottine,
La voilà, la voilà,
La, la, la, la, la, la.

2.

Qui va là ? Qui va là
C'est la troupe bruyante,
Qui trottine et qui chante,
La voilà, la voilà,
La, la, la, la, la, la.

Lili et ses amis savent si bien la première chanson de marche, que la maman leur en apprend une nouvelle ; et ils la répètent gaiement en se promenant au jardin. C'est le grand frère de Lili qui marche le premier.

N° 7.

LE CANARI [1] VOLE

JEU

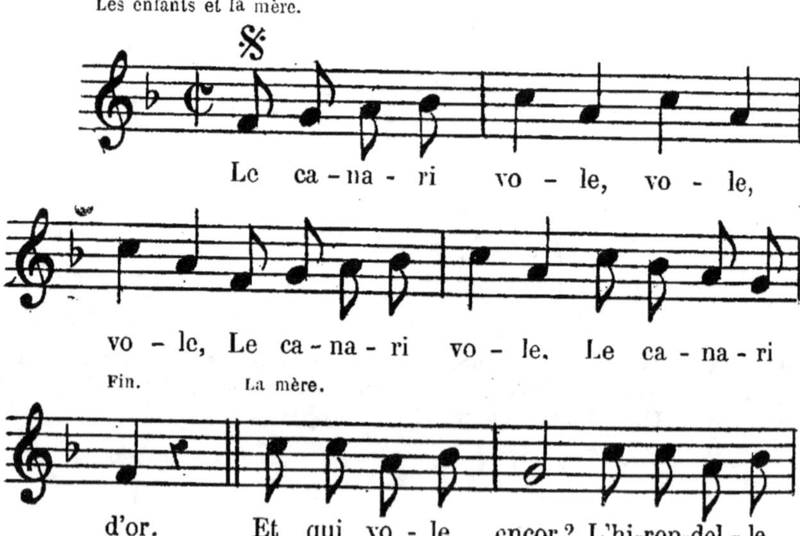

(1) Le mot de *canari*, seul employé dans plusieurs parties de la France pour désigner le serin jaune, pourra dans les régions où il est peu usité être remplacé par celui de « papillon. »

Les enfants.    La mère. 

2.

LA MÈRE. Et qui vole encor ?
Le rossignol vole !
LES ENFANTS. Le rossignol vole !
LA MÈRE. Et qui vole encor ?

3.

LA MÈRE. Et qui vole encor ?
Le moucheron vole !
LES ENFANTS. Le moucheron vole !
LA MÈRE. Et qui vole encor ?

4.

LA MÈRE. Et qui vole encor ?
L'abeille aussi vole !
LES ENFANTS. L'abeille aussi vole !
LA MÈRE. Et qui vole encor ?

5.

Pour finir : {
LA MÈRE. Et qui vole encor ?
Mainte bestiole,
LES ENFANTS. Mainte bestiole,
LA MÈRE ET LES ENFANTS } Ainsi vole encor !

Lili a vu jouer à « pigeon vole » mais elle est trop petite pour y jouer aussi ; elle ne sait pas bien quand il faut lever le doigt. Alors sa maman lui fait faire un jeu où l'on ne met que des bêtes ailées, ce qui fait que l'on ne se trompe jamais. Dans ce jeu, il y a place pour toutes les bêtes ailées que l'on connaît : la fauvette, l'alouette, la cigogne, le gros coq, la poule, la poulette, le cygne, l'oie, la mouche, etc., etc.; seulement, selon la longueur des noms, on dit comme aux premiers couplets ou comme au quatrième. A certains moments la maman chante seule et Lili écoute ; puis elle répète ce que sa maman vient de chanter ; et alors, avec ses bras et ses mains, elle imite les ailes des petits oiseaux et fait semblant de voler comme eux, tout en restant assise sur sa petite chaise. C'est très amusant.

N° 8.

LE PETIT CHEVAL

MARCHE OU JEU

1.

En avant, petit cheval,
Trotte de ton pas égal !
Nous allons à la prairie
Chercher de l'herbe fleurie.
En avant, petit cheval,
Trotte de ton pas égal !

2.

En avant, petit cheval,
Trotte de ton pas égal !
Pour le grand troupeau qui bêle,
Il faut de l'herbe nouvelle.
En avant, petit cheval,
Trotte de ton pas égal !

3.

En avant, petit cheval,
Trotte de ton pas égal !
Plus de foin de l'autre année,
Vive l'herbe parfumée !
En avant petit cheval,
Trotte de ton pas égal !

Lili et ses amis savent très bien aller au pas de marche et chanter en même temps, sans se tromper.

Alors la maman leur apprend à faire un jeu, pour varier un peu : un enfant est le cheval, un autre le maître, qui suit le premier en le retenant, soit par une ficelle, soit par un bout de vêtement. Et l'on trotte ainsi autour de la chambre, tout en chantant.

Nº 9.

MAINS MIGNONNETTES

JEU

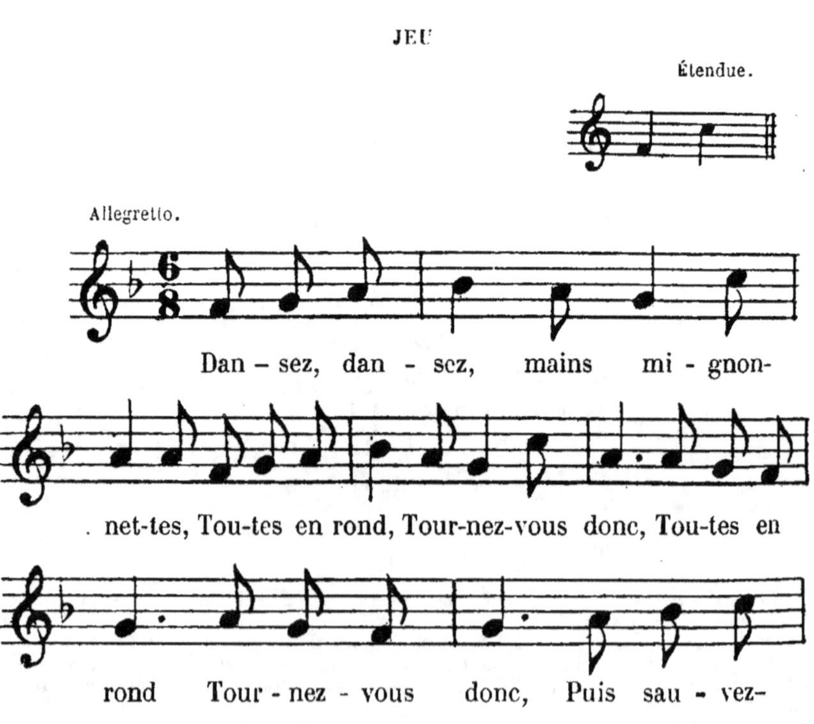

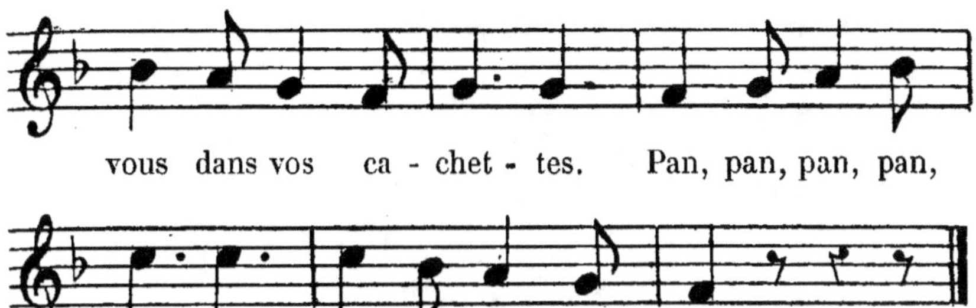

1.

Dansez, dansez, mains mignonnettes,
    Toutes en rond,
    Tournez-vous donc.   *bis.*
Puis sauvez-vous dans vos cachettes.
Pan. pan, pan, pan, pan, pan, pan !
    Allez-vous-en !

2.

Penchez, penchez, mains mignonnettes !
    Toutes en rond,   *bis.*
    Saluez donc,
Puis sauvez-vous dans vos cachettes.
Pan, pan, pan, pan, pan, pan, pan !
    Allez-vous-en !

Un jour de pluie Lili et ses frères ne savaient à quoi jouer. Leur mère leur
apprit une nouvelle chanson, pour laquelle on pose les coudes sur la table, en
redressant et tournant leurs mains sur elles-mêmes, comme des marionnettes.

Puis tout à coup, à la fin du couplet, on frappe dans les mains qui disparaissent
sous la table.

C'est encore plus gentil, au second couplet, quand les menottes s'inclinent et
saluent comme de petites dames. Les enfants rient aux éclats.

N° 10.

TOUT PETIT

RONDE

1.

Il était un petit homme,
   Tout petit, tout petit,
Rose et rond comme une pomme,
Et joyeux comme un cabri.
Quel beau marmot ce bonhomme,
   Tout petit, tout petit !
Quel beau marmot ce bonhomme,
   Tout petit, tout petit !

2.

Savez-vous ce petit homme,
   Tout petit, tout petit,
Savez-vous comme on le nomme ?
On le nomme enfant chéri !
Quel beau marmot ce bonhomme,
   Tout petit, tout petit !
Quel beau marmot ce bonhomme,
   Tout petit, tout petit !

Lili joue de nouveau avec ses amis ; on fait la ronde et chacun se baisse et se
relève lentement, chaque fois que la ronde dit : *Tout petit !* — Pendant ce temps,
la maman fait sauter le tout petit frère sur ses genoux.

Nᵒ 11.

CHUT

JEU

Allegro.

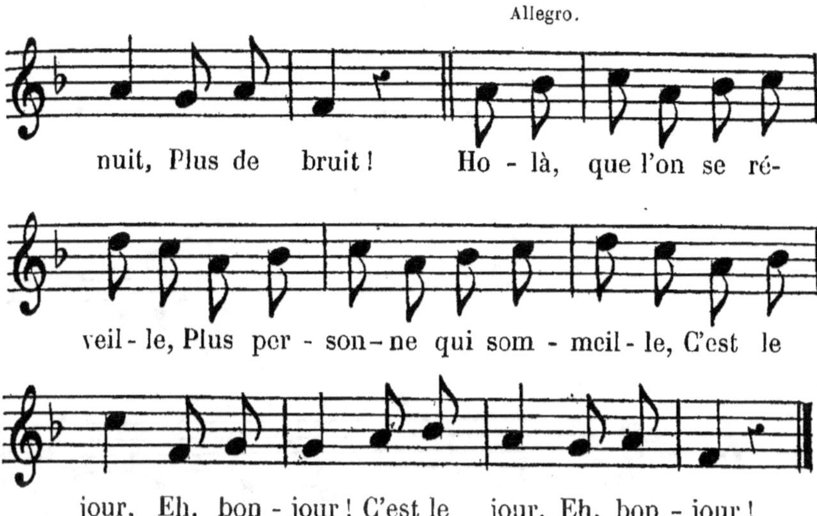

1.

Très lentement.   Chut ! il ne faut plus rien dire.
Nous allons dormir pour rire.
C'est la nuit, } *Bis.*
Plus de bruit ! }

2.

Allegro.   Holà, que l'on se réveille,
Plus personne qui sommeille,
C'est le jour, } *Bis.*
Eh, bonjour ! }

Lili joue avec son petit frère ; elle lui chante une chanson, où il faut faire d'abord semblant de dormir, soit en fermant les yeux, soit en se cachant la figure dans les mains ; alors elle chante tout doucement.

Puis tout à coup, on se reveille ; Lili et son frère chantent gaiement, et battent les mains en répétant : C'est le jour, eh, bonjour !

N° 12.

LA SOURIS

MARCHE

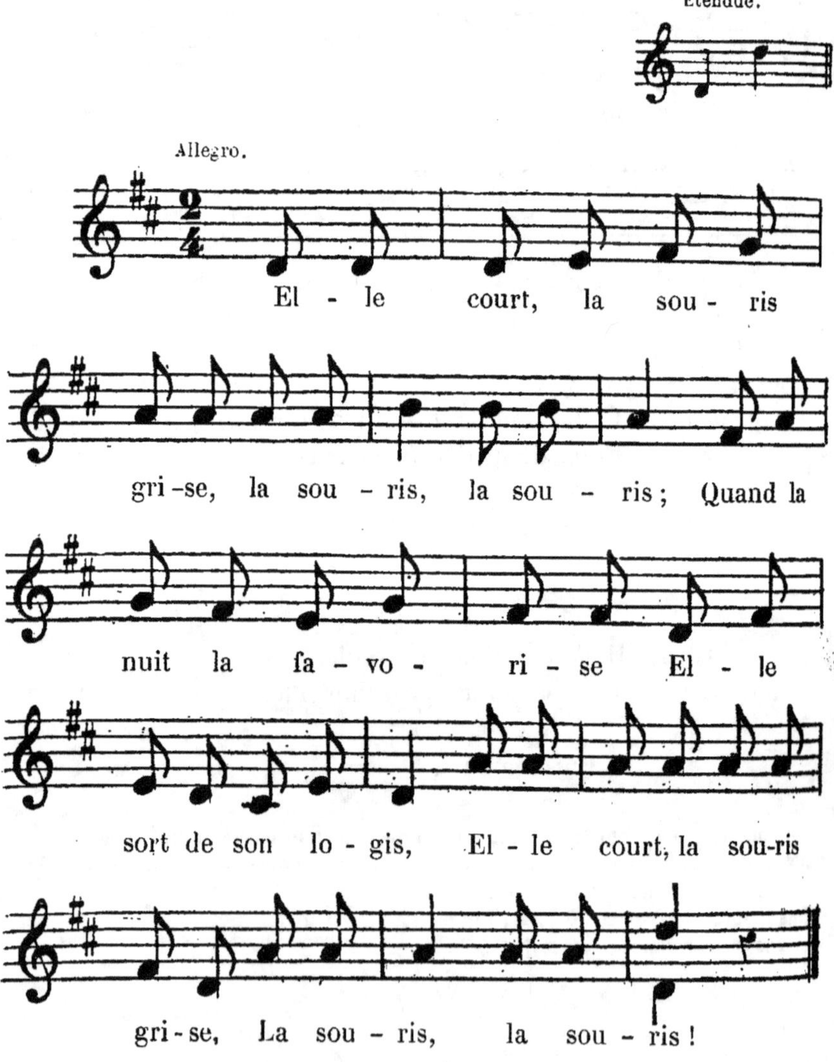

1.

Elle court la souris grise,
　La souris, la souris;
Quand la nuit la favorise,
Elle sort de son logis.
Elle court, la souris grise,
　La souris, la souris !

2.

Elle court, la souris grise,
　La souris, la souris;
L'œil au guet, jamais surprise,
Rongeant miettes et débris.
Elle court, la souris grise,
　La souris, la souris!

3.

Elle court, la souris grise,
　La souris, la souris;
Partout quêtant friandise
Quand chacun dort sans soucis.
Elle court, la souris grise.
　La souris, la souris!

La maman de Lili est descendue à la cuisine, quand tout le monde était couché; et elle a surpris les souris, qui étaient sorties de leurs trous, pour grignoter les provisions. Les souris se sont sauvées à la hâte. Le lendemain la maman raconte l'histoire des souris, et chante leur chanson. Lili veut l'apprendre, mais elle a un peu de peine, parce qu'il faut chanter un peu vite, en marchant vite aussi, quoique en mesure.

Les souris trottinent si vite, si vite, elles !

TABLE DES CHANSONS

		PAGES.
1. — La Cloche (jeu)		8
2. — Il Fait Jour (marche)		10
3. — Do-Do, *berceuse* (jeu)		12
4. — Le Petit Chat (ronde)		14
5. — La Cerise (chant)		16
6. — Qui va la? (marche)		18
7. — Le Canari Vole (jeu)		20
8. — Le Petit Cheval (marche)		22
9. — Mains Mignonnettes (jeu)		24
10. — Tout Petit (ronde)		26
11. — Chut! (jeu)		28
12. — La Souris (marche)		30

PARIS. — IMPRIMERIE CHAIX (S.-O.). — 1248-7.